치매로부터 인지능력을 지켜주는

시니어 인지활동북

한국시니어정신건강연구소 l 길소연·김희애·송혜경·이혜영

01

N넥스웍

들어가는 말

    통계청 자료에 따르면 2020년 65세 이상 고령인구는 우리나라 전체 인구의 15.7%로 2025년에는 20.3%, 2060년에는 43.9%에 이를 것으로 예상된다. 과학문명의 발달로 의료기술은 나날히 발전하여 기대수명을 점점 연장시켜 가고 있으며 대표적 노인성질환으로 인식되는 치매의 유병률 또한 고령화현상과 더불어 급격히 증가하고있다. 노년으로 접어드는 시니어라면 '치매'는 자신의 존엄성뿐 아니라 함께 하는 사랑하는 가족들에게도 큰 고통을 줄 수 있어 누구나 가장 피하고 싶은 질환 중 하나일 것이다.

    치매의 의학적 정의는 "퇴행성 뇌질환 또는 뇌혈 관계 질환 등에 의해 기억력, 언어능력, 지남력, 판단력 및 수행 능력등의 인지기능저하 를일으켜 일상생활에 지장을 초래하는 후천적인 다발성 장애"를 말한다.(대한신경과학회) 이는 단계별 증상에 따라 경도인지장애, 초기 치매, 중기 치매, 말기 치매로 나눌 수 있다. 가장 초기 단계인 경도 인지장애의 경우 별도의 관리가 없는 경우 5-6년 안에 치매로 진행될 수 있어 특별한 관리가 필요하며 치매는 그 원인은 다양하나 의학적 완치가 불가

능하기에 '예방'의 중요성은 아무리 강조해도 지나침이 없다.

　본 교재 '시니어 인지활동북'은 현재는 아무런 문제가 없으나 치매가 걱정되는 일반적인 시니어층과 일상생활에 문제가 없지만 동일 연령대에 비해 약간의 기억력 저하에 어려움을 가진 경도인지장애 시니어층을 대상으로 만들어졌다.

　각 페이지마다 언어력, 판단력, 지남력, 기억력, 집중력, 지각력, 수리계산력, 시공간력, 연상력을 길러주는 문제들로 다양하게 구성하여 인지능력을 종합적으로 향상시키도록 구성하였으며 1권부터 3권까지 난이도 차이를 두어 부담 없이 점층적 학습이 이루어지도록 도왔다. 무엇보다 현 시장의 유아 학습지 느낌의 교재들과 차별화하여 본 교재를 사용하는 분들의 품격에 맞도록 삽화제작과 디자인에 특별히 많은 주의를 기울였다.

　마지막으로 현장의 여러 경험들을 담아내기까지 조언과 격려로 함께 해주신 분들과 출판되기까지 도움을 준 넥스웍 관계자분들께 감사의 마음을 전한다.

이 책에 관하여

특징

1. 총체적 인지능력 향상

언어력, 판단력, 지남력, 기억력, 집중력, 지각력, 수리계산력, 시공간력을 모두 고르게 학습할 수 있도록 구성하였습니다.

2. 흥미로운 다양한 활동

학습효과를 떨어뜨리지 않으면서 학습을 지속할 수 있도록 숨은그림찾기, 다른 그림찾기, 끝말잇기, 미로찾기, 그림자 놀이 등 흥미롭고 다양한 학습방법을 활용하였습니다.

3. 시니어 품격에 맞는 디자인

보다 큰 사이즈의 글자와 차별화된 삽화 및 디자인으로 시니어의 특성과 품격에 맞게 제작하였습니다.

활용

1. 1권부터 3권까지 순차적으로

쉬운 것부터 점차적으로 높은 수준에 이르도록 단계적으로 학습합니다.

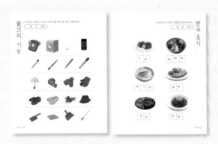

2. 매일 매일 한 쪽씩

각 페이지 상단에 날짜를 쓰고 매일 매일 한 쪽씩 풀어갑니다.

3. 어제 일기와 병행하여

활동북 뒤쪽의 '어제 일기'를 병행하여 기억력 및 지남력을 다시한번 끌어 올립니다.

목차

그림을 자세히 보고 다른 부분 10곳을 찾아 주세요.

월   일   요일

누구의 물건인지 찾아 줄을 그어주세요.

월   일   요일

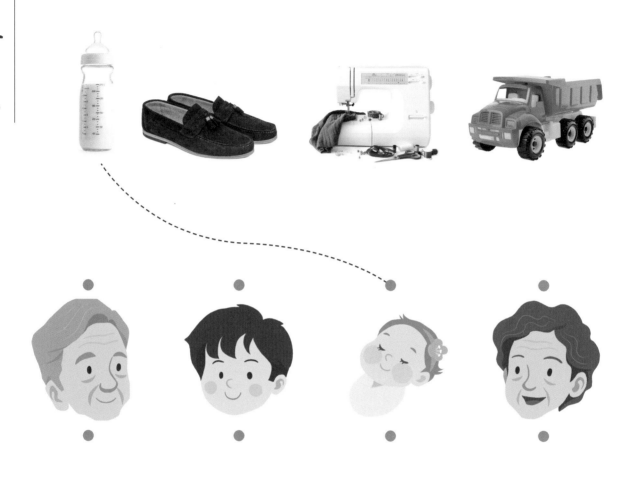

'가'로 시작하는 단어를 찾아 동그라미하고 모두 몇 개인지 써주세요.

월 일 요일

'가' 로 시작하는 말은 모두 ☐ 개

보기 그림을 보고 나머지 반쪽 그림을 완성하고 예쁘게 색칠해주세요.

월   일   요일

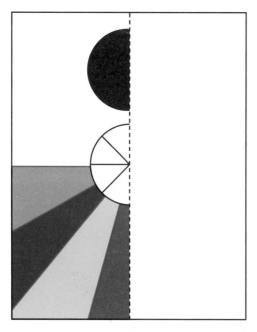

색동치마연

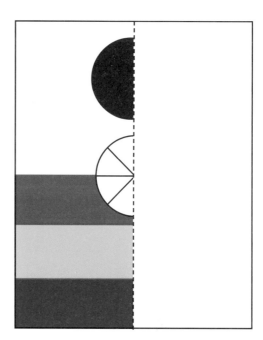

삼동치마연

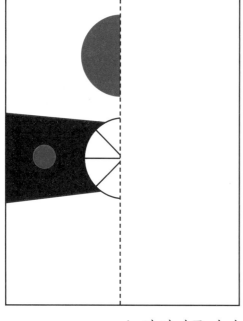

눈깔허리동이연

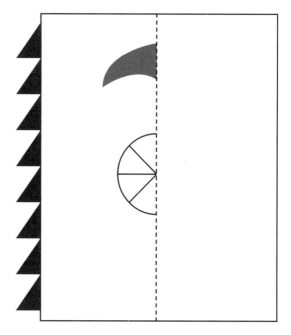

지네발연

할아버지의 신체부위와 단어를 알맞게 줄로 이어주세요.

월   일   요일

얼굴 •

팔 •

배 •

무릎 •

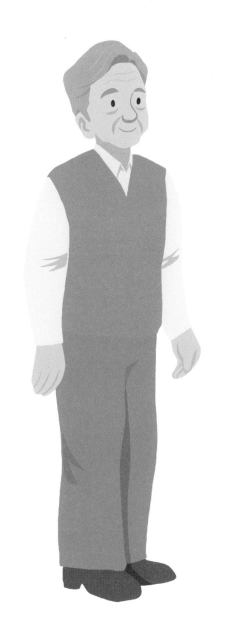

• 머리

• 손

• 다리

• 발

모양이 같은 복주머니 개수를 세어 빈칸에 써보세요.

월 일 요일

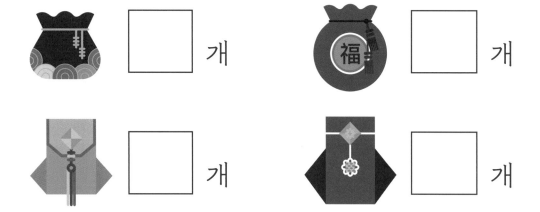

어제 저녁으로 먹은 음식을 상 위에 그리고 적어주세요.

월   일   요일

〈어제 저녁 내가 먹은 음식〉

_____   _____

_____   _____

_____   _____

_____   _____

같은 주방용품을 찾아 줄을 그어주세요.

월 일 요일

반대말을 찾아 번호를 써주세요.

월 일 요일

①
거친

②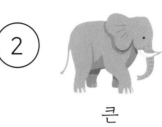
큰

③
가득 찬

④
느린

⑤
낡은

⑥
긴

 1
부드러운

짧은

빠른

비어있는

작은

새로운

손가락으로 1부터 25까지 순서대로 짚어보고 걸린 시간을 측정해 보세요.

월   일   요일

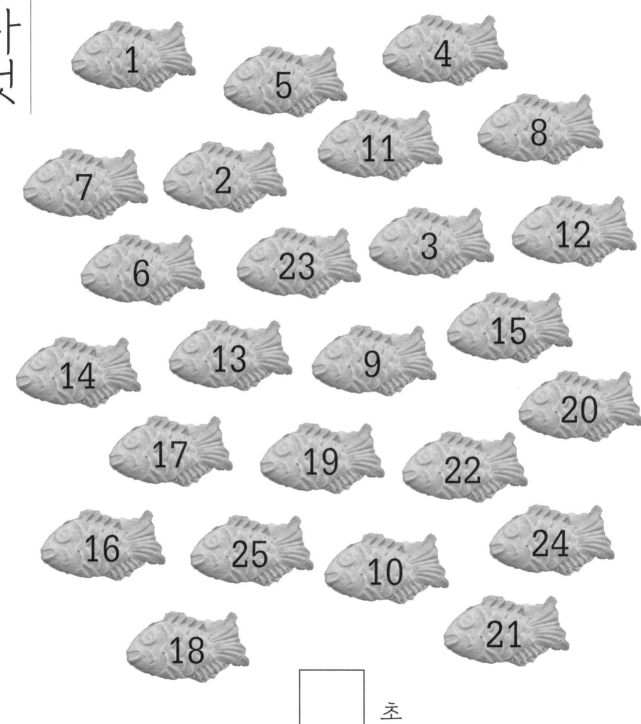

□ 초

상황 판단

_____

_____

_____

_____

빠진 부분을 그려 넣어 그림을 완성해주세요

월   일   요일

■ 자전거

■ 시계

■ 맷돌

가로 또는 세로로 놓여진 병원 관련 단어들을 찾아주세요.

월 일 요일

의	사	바	다	달	리	기	사	과
수	영	장	체	호	랑	이	병	원
국	화	아	온	떡	해	바	라	기
줄	알	파	계	란	간	호	사	자
넘	약	트	여	오	후	박	바	람
기	도	구	름	신	문	태	풀	비
안	자	급	화	장	품	환	자	누
경	기	차	그	산	운	동	화	물
놀	이	터	림	주	사	기	책	약

의사　　간호사　　환자　　체온계　　병원

알약　　물약　　주사기　　구급차

달력 완성

이번 달 달력을 만들고 오늘 날짜에 동그라미 해주세요.

월   일   요일

_____ 월

일	월	화	수	목	금	토

계산하여 5가 되는 칸만 색칠하여 할머니를 만날 수 있도록 도와주세요.

월   일   요일

2+2	1+4	5+0			
3+1	2+3	1+2	4+4	1+5	5+1
4+1	0+5	2+4	3+3	2+5	4+3
3+2	5+1	3+4	5+2	4+2	4+4
5+0	1+4	2+3	0+5	1+2	1+2
3+4	3+1	4+4	4+1	3+4	3+1
1+2	1+5	3+3	3+2		

된장찌개와 김밥의 재료를 써주세요

월   일   요일

된장찌개

된장

김밥

월 일 요일

| 바 | | 나 |

| 체 | |

| 블 | | 베 | 리 |

| 오 | 렌 | |

| | 박 |

| 파 | 인 | 애 | |

| 사 | |

| 포 | |

| 복 | | 아 |

그림을 보고 어떤 신호등이 켜진 상황인지 올바른 색으로 칠해주세요.

월   일   요일

상황 1

상황 2

손 모양과 그림자 동물을 알맞게 이어주세요

월   일   요일

염소

앵무새

사슴

뱀

비둘기

손주가 아픈 상황을 잘 보고 어떤 약이 필요한지 줄로 이어주세요.

월   일   요일

일회용 밴드

소화제

안약

해열제

감기약

글을 읽고 누구를 말하는지 범인 3명을 찾아 숫자를 써주세요

월   일   요일

①

②

③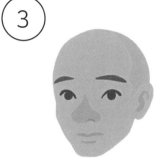

④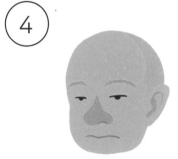

⑤

⑥

내가 분명히 봤는데,
머리카락이 없었어. 눈이 크고 코가 컸지.

☐ 번

내가 분명히 봤는데,
얼굴이 갸름하고 콧수염을 길렀어.

☐ 번

내가 분명히 봤는데,
검은 모자를 쓰고 얼굴에 흉터가 있는 걸 봤어.

☐ 번

모양을 잘 보고 보기의 조각보와 같은 색으로 칠해주세요.

월 일 요일

보기

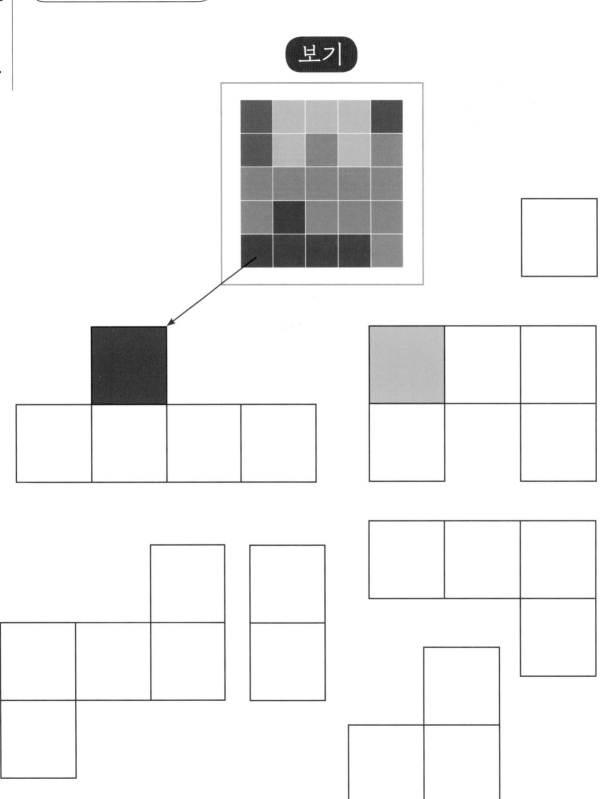

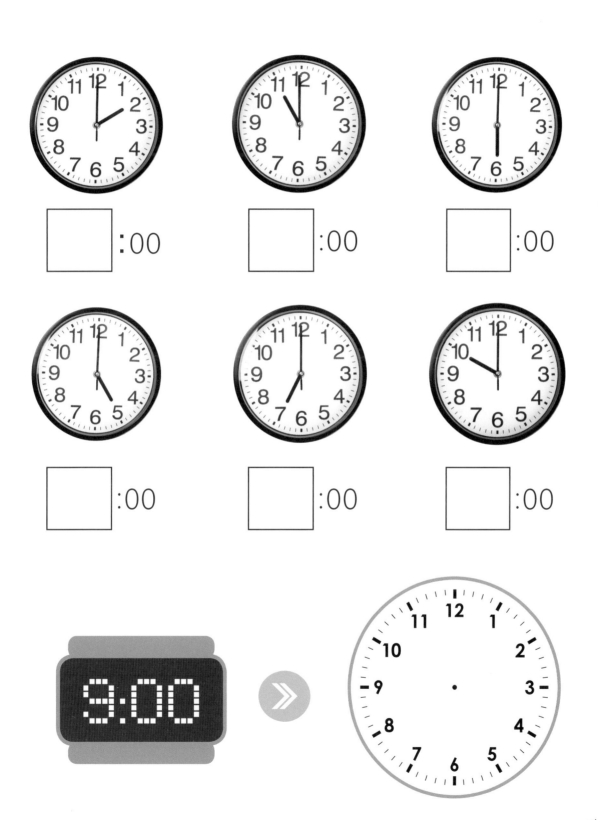

:00 　 :00 　 :00

:00 　 :00 　 :00

지폐를 색칠하고 큰돈에서 작은 돈 순서대로 빈칸에 숫자를 써주세요.

월   일   요일

 1

보기 그림을 잘 보고 사라진 그림이 무엇인지 써주세요.

월   일   요일

보기

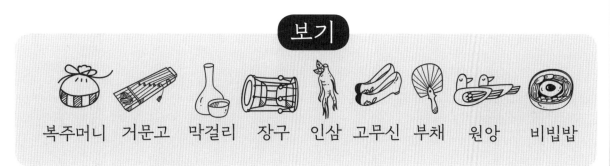

복주머니 거문고 막걸리 장구 인삼 고무신 부채 원앙 비빕밥

보기 와 비교해서
사라진 그림은 ?

_____

위 그림과 비교해서
사라진 그림은?

_____

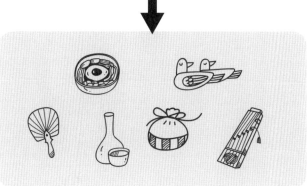

위 그림과 비교해서
사라진 그림은?

_____

물건의 이름을 쓰고 어떤 상황에 필요한 물건인지 알맞게 이어주세요.

월   일   요일

_____

_____

_____

_____

개수가 다른 한 묶음을 찾아 동그라미 해주세요.

월   일   요일

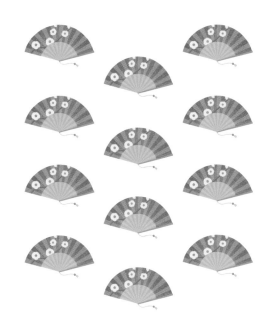

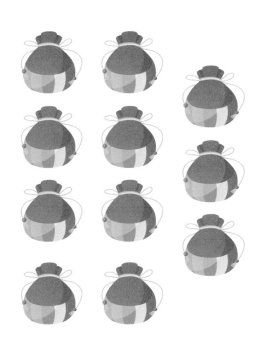

주재료

미로를 빠져나간 후 빈칸에 각 음식의 주재료를 써주세요.

월   일   요일

그림을 보고 물에 뜨는 것은 O표, 가라 앉는 것에는 X표 해주세요.

월 일 요일

물에 뜨는 코르크 마개

물에 가라앉는 동전

무슨 계절인지 쓰고 내 생일은 무슨 계절에 있는지 동그라미 해주세요.

(월   일   요일)

_____

_____

_____

_____

좌표 그림

왼쪽의 그림과 똑같은 그림이 되도록 그려주세요.

월 일 요일

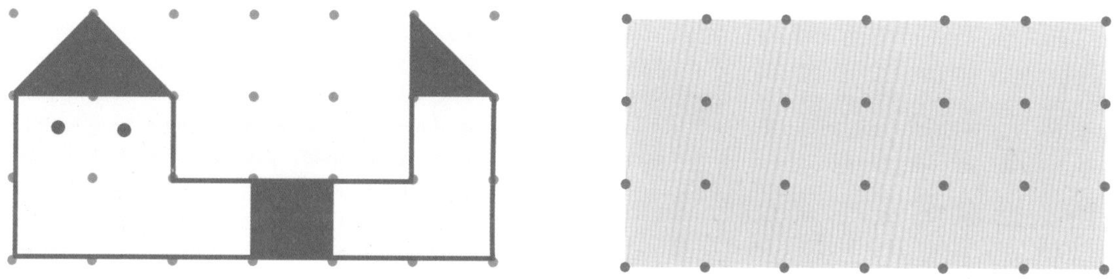

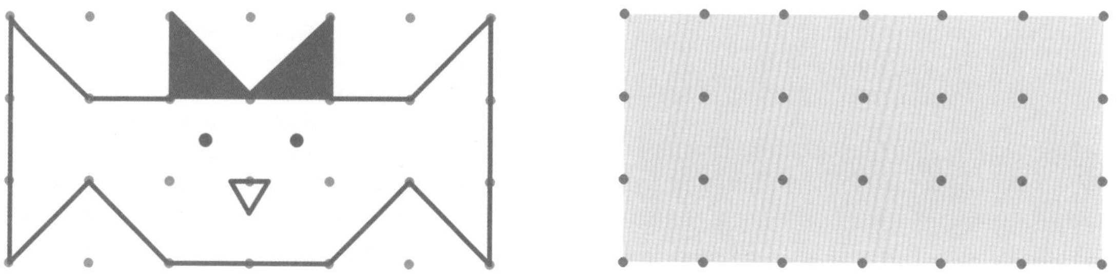

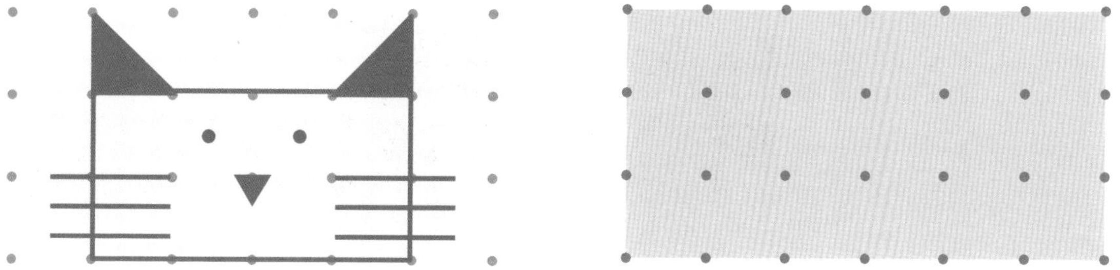

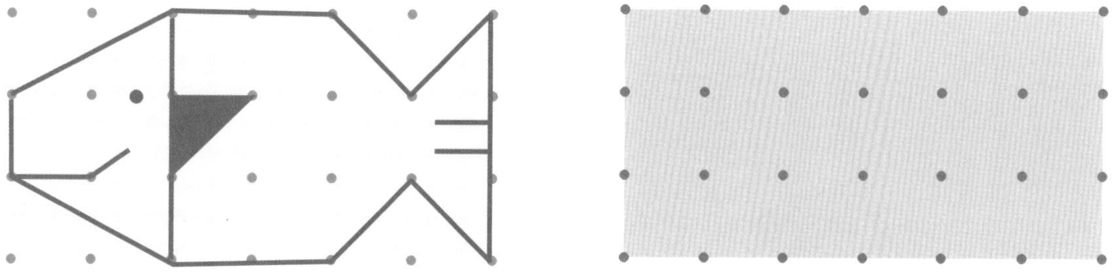

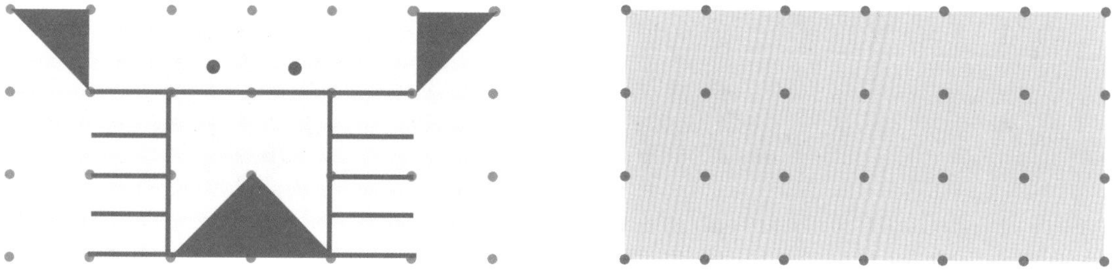

어느 곳에서 볼 수 있는 동물인지 알맞게 연결해 주세요.

월   일   요일

부엌에 무엇이 있었는지 잘 기억하고 다음 장으로 넘겨주세요.

월   일   요일

아래 그림 중 앞장에서 보았던 물건을 찾아 동그라미 해주세요.

월　일　요일

그림을 자세히 보고 다른 부분 10곳을 찾아 주세요.

월 일 요일

거울에 비치는 글자를 읽고 읽은 단어를 찾아 동그라미 하세요.

월　일　요일

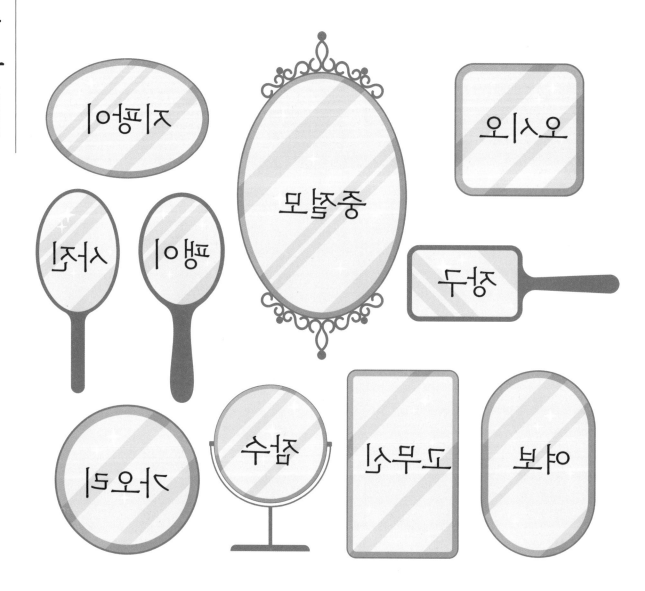

여보　가오리　송이　오시오　잠수　사진　(지팡이)

창문　중절모　고무신　팽이　신발　자동차　장구

짝이 없는 양말 2개를 찾아주세요.

월   일   요일

잘려진 단면을 보고 어떤 야채인지 줄로 이어주세요.

월   일   요일

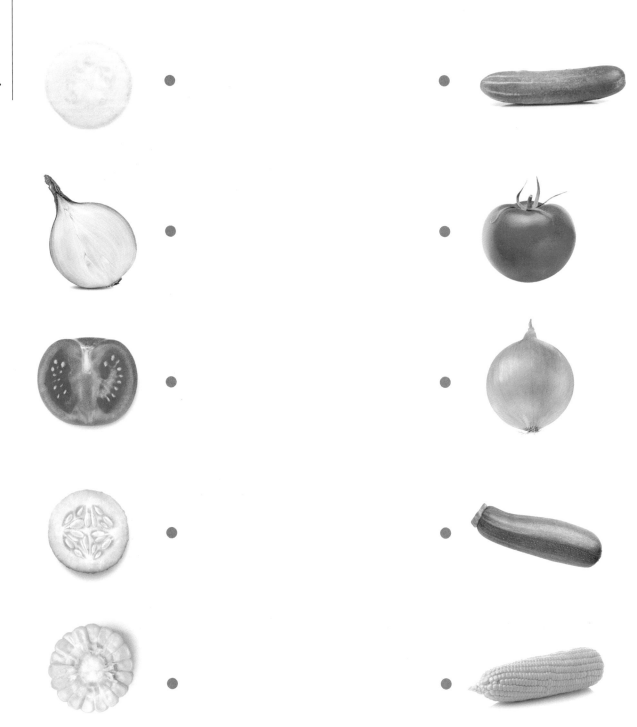

월 일 요일

숨겨진 그림

국자 열쇠 복주머니 연필
안경 감 바늘 삼각자 모자

얼굴 완성

빠진 부분을 그려 얼굴을 완성해주세요.

월　　일　　요일

가진 돈이 얼마인지 쓰고 사이다를 사고 남은 돈은 얼마인지 써주세요.

월   일   요일

가진 돈: _____ 원

1병 1500원

남은 돈:

_____ 원

보기의 암호표를 이용하여 암호 단어를 만들어 주세요.

월   일   요일

보기

■ 자음

ㄱ	ㄴ	ㄷ	ㄹ	ㅁ	ㅂ	ㅅ
◐	#	/	△	○	∧	♡

ㅇ	ㅈ	ㅊ	ㅋ	ㅌ	ㅍ	ㅎ
♪	◎	+	~	□	▶	↔

■ 모음

ㅏ	ㅑ	ㅓ	ㅕ	ㅗ	ㅛ	ㅜ	ㅠ	ㅡ	ㅣ
∞	⌣	!	◉	?	⋮	—	■	▣	☆

고	벼	휴
◐ ?		

아기	돈	나라

같은 해산물을 찾아 줄로 이어주세요.

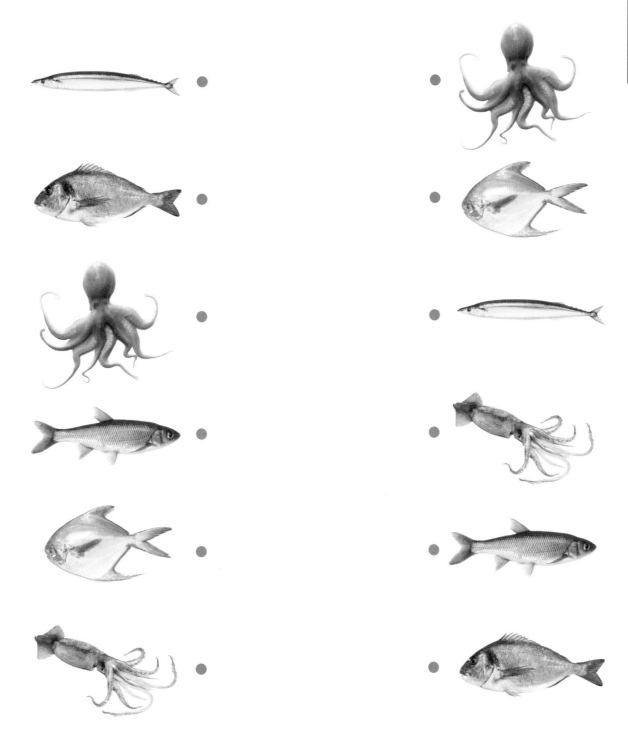

단어와 관련된 장소를 보기에서 찾아 써보세요.

월   일   요일

보기

교회   미용실   병원   주민센터

은행   시장   학교   동물원

1. 선생님, 칠판, 친구, 책상 _____

2. 의사, 간호사, 주사기, 청진기 _____

3. 목사님, 십자가, 성경책, 찬송가 _____

4. 머리 빗, 드라이기, 미용사, 가위 _____

5. 호랑이, 매표소, 조련사, 곰 _____

6. 도장, 주민등록증, 공무원, 초본 _____

7. 돈, 도장, 통장, 은행원 _____

8. 장바구니, 배추, 생선, 김 _____

보기와 똑같은 탈이 몇 개인지 찾아 그 수를 써주세요.

월 일 요일

부
네
탈

보기

☐ 개

☐ 개

알림표시

의미에 맞는 표지판을 찾아 그 번호를 써주세요.

월 일 요일

1.    2.    3.

4.    5.    6.

7.    8.    9.

9	자전거 전용		계단주의
	장애인 전용		공사중
	횡단보도		흡연금지
	미끄럼주의		애완견출입금지
	휴대전화 사용금지		

가로 또는 세로에 숨겨진 교통수단 단어를 찾아 모두 동그라미 해주세요.

월 일 요일

행복한 여행

버	터	고	자	동	차
스	타	킹	전	사	고
보	조	리	거	지	추
가	택	시	골	비	장
지	하	철	도	행	주
박	수	박	둑	기	차
오	토	바	이	도	마

보기 그림과 같은 그림을 오른쪽에서 찾아 동그라미 해주세요.

월   일   요일

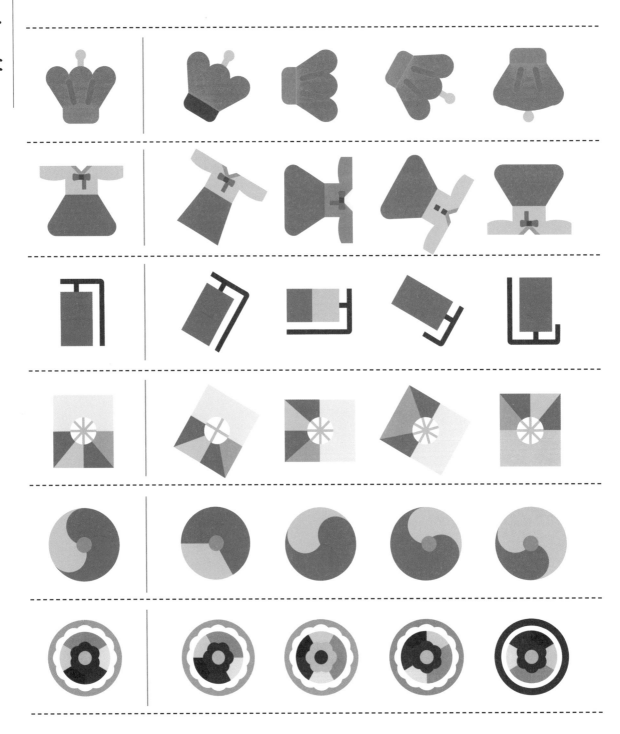

월   일   요일

가는 세월

1. 올 해는 몇 년도인가요? _____

2. 지금은 무슨 계절인가요? _____

3. 지금은 몇 월인가요? _____

4. 오늘은 몇 일인가요? _____

5. 오늘은 무슨 요일인가요? _____

6. 지금은 몇 시인가요? _____

7. 오전인가요? 아니면 오후인가요? _____

시집가는 날

좋아하는 색으로 칠하고 예쁘게 꾸며주세요.

월 일 요일

왼쪽 그림을 보고 짝이 되는 그림을 찾아 동그라미 해주세요.

월 일 요일

주어진 시간에 맞게 깨어진 시계조각을 찾아 빈 곳에 번호를 써주세요.

월 일 요일

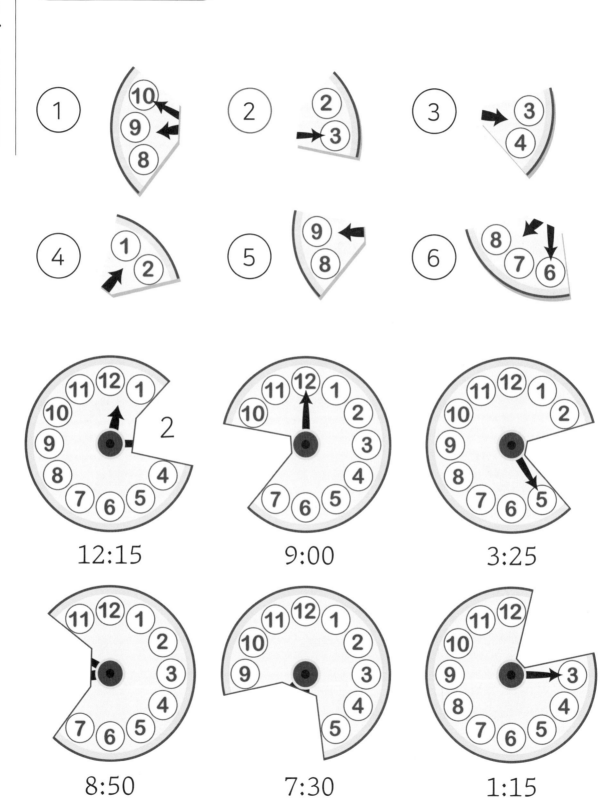

12:15

9:00

3:25

8:50

7:30

1:15

두 그림의 다른 10곳을 찾아 동그라미 해주세요.

월 일 요일

네 개의 그림 중 기능이 다른 것을 찾아 동그라미 해주세요.

월   일   요일

초성을 보고 음식이름을 완성해보세요.

월 일 요일

ㄱ	ㅊ

ㅂ	ㅂ	ㅂ

ㅋ	ㄱ	ㅅ

ㅂ	ㅆ

ㅅ	ㄷ

ㅈ	ㅊ

우리 집

우리 동네 지도를 그려보고 우리 집이 어디인지 표시해보세요.

월   일   요일

그림을 잘 보고 부엌에 무엇이 있었는지 잘 기억하고 다음 장으로 넘겨주세요.

월　일　요일

냉장고 속 ①

우유

냉장고 속 ②

아래 그림 중 앞장에서 보았던 그림을 찾아 동그라미 해주세요.

월　일　요일

우유

어제 나는

어제를 기억하며 오늘 쓰는 일기

어제 일기

어제를 기억하며 써보세요.

오늘 날짜: 20   년   월   일   요일 날씨:

어제 나의 기분이 어떠했는지
표정을 그리고
나의 감정을 찾아 동그라미 해주세요.

기뻤다.   우울했다.

슬펐다.   힘들었다.

괜찮았다.   _____

일어난 시간은?   :   잠자리에 든 시간은?   :

어제 무엇을 먹었나요?

┌─── 아침식사 ───┐   ┌─── 점심식사 ───┐   ┌─── 저녁식사 ───┐

어디에 갔었나요?

누구를 만났나요?

용돈은 얼마를 썼나요?

기억에 남는 일은 무엇인가요?

어제 일기

어제를 기억하며 써보세요.

오늘 날짜: 20   년   월   일   요일 날씨:

어제 나의 기분이 어떠했는지
표정을 그리고
나의 감정을 찾아 동그라미 해주세요.

기뻤다.   우울했다.

슬펐다.   힘들었다.

괜찮았다.   _____

일어난 시간은?   :

잠자리에 든 시간은?   :

어제 무엇을 먹었나요?

아침식사	점심식사	저녁식사

어디에 갔었나요?

누구를 만났나요?

용돈은 얼마를 썼나요?

기억에 남는 일은 무엇인가요?

어제 일기

어제를 기억하며 써보세요.

오늘 날짜: 20   년   월   일   요일 날씨:

어제 나의 기분이 어떠했는지
표정을 그리고
나의 감정을 찾아 동그라미 해주세요.

기뻤다.   우울했다.

슬펐다.   힘들었다.

괜찮았다.   _____

일어난 시간은? :	잡자리에 든 시간은? :

어제 무엇을 먹었나요?

─ 아침식사 ─	─ 점심식사 ─	─ 저녁식사 ─

어디에 갔었나요?

누구를 만났나요?

용돈은 얼마를 썼나요?

기억에 남는 일은 무엇인가요?

어제 일기 어제를 기억하며 써보세요.

오늘 날짜: 20　　년　　월　　일　　요일 날씨:

어제 나의 기분이 어떠했는지
표정을 그리고
나의 감정을 찾아 동그라미 해주세요.

기뻤다.　　　우울했다.

슬펐다.　　　힘들었다.

괜찮았다.　　_____

| 일어난 시간은?　　　　: | 잠자리에 든 시간은?　　　　: |

어제 무엇을 먹었나요?

아침식사	점심식사	저녁식사

어디에 갔었나요?

누구를 만났나요?

용돈은 얼마를 썼나요?

기억에 남는 일은 무엇인가요?

어제 일기 어제를 기억하며 써보세요.

오늘 날짜: 20   년   월   일   요일 날씨:

어제 나의 기분이 어떠했는지
표정을 그리고
나의 감정을 찾아 동그라미 해주세요.

기뻤다.   우울했다.

슬펐다.   힘들었다.

괜찮았다.   _____

일어난 시간은? :	잠자리에 든 시간은? :

어제 무엇을 먹었나요?

── 아침식사 ──	── 점심식사 ──	── 저녁식사 ──

어디에 갔었나요?

누구를 만났나요?

용돈은 얼마를 썼나요?

기억에 남는 일은 무엇인가요?

어제 일기
어제를 기억하며 써보세요.

오늘 날짜: 20   년   월   일   요일 날씨:

어제 나의 기분이 어떠했는지
표정을 그리고
나의 감정을 찾아 동그라미 해주세요.

기뻤다.   우울했다.

슬펐다.   힘들었다.

괜찮았다.   _____

일어난 시간은? :	잠자리에 든 시간은? :

어제 무엇을 먹었나요?

─ 아침식사 ─	─ 점심식사 ─	─ 저녁식사 ─

어디에 갔었나요?

누구를 만났나요?

용돈은 얼마를 썼나요?

기억에 남는 일은 무엇인가요?

어제 일기

어제를 기억하며 써보세요.

오늘 날짜: 20   년   월   일   요일   날씨:

어제 나의 기분이 어떠했는지
표정을 그리고
나의 감정을 찾아 동그라미 해주세요.

기뻤다.   우울했다.

슬펐다.   힘들었다.

괜찮았다.   _____

일어난 시간은? :	잠자리에 든 시간은? :

어제 무엇을 먹었나요?

─ 아침식사 ─	─ 점심식사 ─	─ 저녁식사 ─

어디에 갔었나요?

누구를 만났나요?

용돈은 얼마를 썼나요?

기억에 남는 일은 무엇인가요?

어제 일기

어제를 기억하며 써보세요.

오늘 날짜: 20 년 월 일 요일 날씨:

어제 나의 기분이 어떠했는지
표정을 그리고
나의 감정을 찾아 동그라미 해주세요.

기뻤다.   우울했다.

슬펐다.   힘들었다.

괜찮았다.   _____

일어난 시간은?   :   잠자리에 든 시간은?   :

어제 무엇을 먹었나요?

아침식사	점심식사	저녁식사

어디에 갔었나요?

누구를 만났나요?

용돈은 얼마를 썼나요?

기억에 남는 일은 무엇인가요?

어제 일기

어제를 기억하며 써보세요.

오늘 날짜: 20   년   월   일   요일   날씨:

어제 나의 기분이 어떠했는지
표정을 그리고
나의 감정을 찾아 동그라미 해주세요.

기뻤다.   우울했다.

슬펐다.   힘들었다.

괜찮았다.   _____

일어난 시간은?   :   잠자리에 든 시간은?   :

어제 무엇을 먹었나요?

┌─ 아침식사 ─┐   ┌─ 점심식사 ─┐   ┌─ 저녁식사 ─┐

어디에 갔었나요?

누구를 만났나요?

용돈은 얼마를 썼나요?

기억에 남는 일은 무엇인가요?

어제 일기

어제를 기억하며 써보세요.

오늘 날짜: 20   년   월   일   요일 날씨:

어제 나의 기분이 어떠했는지
표정을 그리고
나의 감정을 찾아 동그라미 해주세요.

기뻤다.   우울했다.

슬펐다.   힘들었다.

괜찮았다.   _____

일어난 시간은?   :

잠자리에 든 시간은?   :

어제 무엇을 먹었나요?

┌─ 아침식사 ─┐	┌─ 점심식사 ─┐	┌─ 저녁식사 ─┐

어디에 갔었나요?

누구를 만났나요?

용돈은 얼마를 썼나요?

기억에 남는 일은 무엇인가요?

│ 저자

길소연

국민대학교 법정대 졸
웨스트민스터 신학대학원 상담심리학 석사
웨스트민스터 신학대학원 상담심리학 박사과정
한국시니어정신건강연구소 수석연구원(현)
성남위례종합사회복지관 상담실 실장(현)
한국목회상담학회 상담사(현)
노인통합교육지도사 1급, 웰다잉심리상담사 1급, 미술심리치료사 1급

김희애

숙명여자대학교 문과대 졸
웨스트민스터 신학대학원 상담심리학 석사
한국시니어정신건강연구소 수석연구원(현)
성남위례종합사회복지관 전문 상담사(현)
한국목회상담학회 상담사(현)
노인심리상담사 1급, 미술심리치료사 1급, 놀이심리상담사 2급

송혜경

이화여자대학교 사범대 졸
웨스트민스터 신학대학원 상담심리학 석사
웨스트민스터 신학대학원 놀이치료학 박사과정
한국시니어정신건강연구소 수석연구원(현)
웨스트민스터상담코칭센터 전문 상담사(현)
한국정신분석심리상담학회 상담사(현)
노인심리상담사 1급, 놀이심리상담사 1급, 미술심리치료사 1급

이혜영

이화여자대학교 미술대 졸
웨스트민스터 신학대학원 상담심리학 석사
웨스트민스터 신학대학원 상담심리학 박사과정
한국시니어정신건강연구소 수석연구원(현)
성남위례종합사회복지관 상담실 팀장(현)
한국목회상담학회소 상담사(현)
노인심리상담사 1급, 놀이심리상담사 1급, 미술심리치료사 1급

치매로부터 인지능력을 지켜주는

시니어 인지활동북 01

1판 1쇄 발행	2021년 05월 10일
1판 4쇄 발행	2023년 08월 21일

지은이	길소연, 김희애, 송혜경, 이혜영
발행처	도서출판 넥스윅
발행인	최근봉

표지디자인	디자인길
편집디자인	디자인길
삽화	김은지, shutterstock
주소	경기도 고양시 일산동구 장백로 20, 102동 905
전화	031)972-9207
팩스	031)972-9208
이메일	cntpchoi@naver.com
등록번호	제2014-000069호

ISBN: 979-11-88389-19-3

* 값은 표지 뒷면에 표기되어 있습니다.
* 잘못된 책은 구입하신 서점에서 바꾸어 드립니다.